HAPPY NEW YEAR-2022

KOMAL SHARMA AND KUSH SHARMA

ISBN 979-888555275-2

Komal Sharma

Komal Sharma is from Ambala. She started her career as a writer in 2013. She became a part of many Anthologies and also compiles her anthologies. It organizes open mic and another event. Recently she is working on her compiles book named by Special 26th Jan. Republic Day, Katte Mithe Pal,

School Life, Rask Ek Kahani, 26 January, A Life Struggle, Valentine's Day, Teacher's Day, Armaan Dil Ke, Dream Life, School Life, A Life Struggle, Happy Soul, How to Deal Failure. She always keeps working on her career as a publisher and writer by making anthologies. She always tries to publish a new book on occasion. ND RK publication owner ND RK foundation. Her books are so meaningful and peaceful which are trying to give a message to our society.

कोमल शर्मा अंबाला की रहने वाली है। उन्होंने 2013 में एक लेखक के रूप में अपना करयिर शुरू कयिा। वह कई एंथोलॉजी का हसि्सा बनीं और अपने स्वयं के संकलन भी संकलति करती है। यह ओपन माइक और एक अन्य कार्यक्रम का आयोजन करता है। हाल ही में वह स्पेशल 26 जनवरी गणतंत्र दविस, कटे मीठे पल, स्कूल लाइफ, रस्क एक कहानी, 26 जनवरी, ए लाइफ स्ट्रगल, वलेंटाइन डे, टीचर्स डे, अरमान दलि के, ड्रीम लाइफ, स्कूल द्वारा नामति अपनी खुद की संकलन पुस्तक पर काम कर रही है। लाइफ, ए लाइफ स्ट्रगल, हैप्पी सोल, हाउ टू डील फेल्योर। वह हमेशा एंथोलॉजी बनाकर एक प्रकाशक और लेखक के रूप में अपने करयिर पर काम करती रहती है। वह हमेशा अवसर पर एक नई कतिाब प्रकाशति करने की कोशशि करती है। एनडी आरके प्रकाशन मालकि एनडी आरके फाउंडेशन। उनकी कतिाबें इतनी सार्थक और शांतपिूर्ण हैं जो हमारे समाज को संदेश देने की कोशशि कर रही है।

Instagram: - komal_sharma_rk

Kush Sharma

Contents

1. Anushka Goyal

बीते साल को हँस के विदा करो,
सारे दुखो को भुला के आगे बढ़ो,
जो बुरा हुआ उससे भुल जाओ और जो,
अच्छा हुआ उसको याद करो,
बीते बक्त को याद करके न अपना आज बर्बाद करो
आने वाला साल खुशिया लेके आएगा,
यही सोच के सबको new year wish करो।

Anushka Goyal

This is Anushka Goyal from dholpur Rajasthan. She has completed her Graduation in microbiology. Freely minded girl and also loves to study. She started writing Since last year, she loves to write poems, quotes, etc. She wants to make her name in this world. Her pen name is Annupali. she has a big Dream. She loves to make Happy everyone. She has worked as Co-author in many anthologies. Also, she compiled her anthology. Her mother is inspired by her. Now she is pursuing MSC (microbiology) from Jaipur, Rajasthan.

2. Nagaphanendra Pasumarthy

Dear Besties,

It's 11 years of friendship for us, in these 11 years we have a lot of memories. You're always with me in all happy situations along with sad moments too, sometimes you have more confidence in me even I don't have myself, you bring smiles to me, you care me, you support me and also you guide me in every second.

I am always thankful to God for giving the best gift to me and I'm always feeling lucky to have you in my life I don't know how to be thankful to you but there are no words for the love you show towards me.

We always have some special bond between us that is never explainable the braveness that u have in your life is the biggest inspiration to me you always stay cool and I always wish that my Bestiee want to stay in my life forever and live like you forever wish you Happy New year.

My New Year resolution:- Dear Besties always keep smile and stay in my life

Your Best friend

Phanendrapasumarthy

Best memory of 2021

March 18th My Besties Birthday.

The happiest day in my life, every year I will plan early for my Besties birthday party the day starts with her call I convey my wishes and we went to the mall and enjoyed sometime afterward I presented a gift and we went to a restaurant after some time we celebrated her birthday by cutting her birthday cake…this year her birthday was celebrated between her friends and me I never expected that I will spend that much time on the day my planning was completely changed but last we enjoyed a lot and also I am waiting for next year birthday thanks God for giving the best gift to me

Nagaphanendra Pasumarthy

Phanendrapasumarthy is a student from Hyderabad who wants to explore the world with his writings and film making a cool and positive attitude

3. Aayna

नया साल

ये नया साल आपके जीवन में
ढेरों खुशियां लेकर आए
अंधेरा आपके जीवन का
उजाले में बदल जाए
मुस्कुराहट फीकी ना पड़े
आपके चेहरे की
उदासी कभी आपके पास ना आए !!

जो छूट गया वक्त
वो साल पुराना था
गुज़र गई घड़ियां ना जाने कब
जो बीत गया तो एक बहाना था
क्योंकि साल नया जो आना था !!

Aayna

यह राजस्थान के जिला अलवर से हैं। इन्होंने बी.ए प्रथम वर्ष की छात्रा हैं। इन्हें डायरी लिखने के साथ-साथ पढ़ने का भी बहुत शौक है। इन्हें अपनी प्रेरणादायक शायरियां अपने पिताजी से प्रेरित होकर लिखी है। इन्होंने सह-लेखक के रूप में भी काम किया है।

4. Shivani Rana

नव वर्ष के आगमन पर
प्रेम गीत गाएं
सहज सरल मन से
सब को गले लगाएं
उंच नीच भेद भाव के
अंतर को मिटाएं
नव वर्ष के आगमन पर
प्रेम गीत गाएं
शिक्षा का उजियारा हम
घर घर पहुंचाएं
पर्यावरण की चिंता करें
पेड़ फिर लगाएं
नव वर्ष के आगमन पर
प्रेम गीत गाएं
स्वच्छता अभियान को
समझें समझाएं
योग प्राणायाम कर स्वस्थ
हम हो जाएं
नव वर्ष के आगमन पर
प्रेम गीत गाएं
देश प्रेम का जज़्बा सभी
जन मन में लाएं

माँ भारती के चरणों में
शीश सब झुकाएं
नव वर्ष के आगमन पर
प्रेम गीत गाएं

Shivani Rana

She have done d.el.ed from diet muzaffarnagar.

5. Shivani Sharma

ऐ जाने वाले साल,
तुझसे शकिायतें हजार हैं,
पर प्यार भी बेशुमार है,
कभी तुने रुलाया, तो कभी हसांया भी है,
गरिकर संभलना सखिाया भी है,
कुछ को छीना, तो कुछ को अपना बनाया भी है,
मुझे जदिंगी जीना सखिाया भी है,
कभी हाथ थामा, तो कभी छुड़ाया भी है,
हर परस्थितिि में चलना सखिाया भी है,
कभी खुदसे दूर, तो कभी पास लाया भी है,
उसने मुझे हर मुश्कलि से लड़ना सखिाया भी है,
कुछ बुरे पल, तो कुछ अच्छे पल दखिाया भी है,
हर पल में कुछ नया सखिाया भी है,
कभी भटकाया, तो कभी सही राह दखिाया भी है,
उसने मुझे मुझसे मेरी कलम से मलिवाया भी है,
ना कुछ ज्यादा, ना कुछ कम दयिा है,
जो भी दयिा, बराबर दयिा है,
इसलएि जतिनी शकिायतें है, उतना प्यार भी है,
एकतरफा तुझसे कुछ भी नहीं है....

Shivani Sharma

She is Shivani Sharma modern writer, from Gwalior she had completed her graduation and she loves to write sad and motivational quotes. She does not write quote, write her feelings, She loves to Write painful Quotes, good singer, performer, Videomaker, etc. She worked in many anthologies, won many medals and trophies, she Wants to grow herself. She loves to live alone. One day Her signature will be an autograph.

6. Har Deepansh Bahadur Sinha

New Year – A Lot to Achieve

Some stories are not yet completed
At some times I got defeated,
I am not discouraged
From every failure, I am encouraged.
Maybe I am not freak
Maybe the time is weak,
Oh yes I didn't attain satisfaction
Due to lack of presentation.
There must be something interesting
Hope the new year will be amazing,
Let's just keep practicing
Then we must stop relaxing.
There are excessive targets
We must clear our concepts,
Though the way is not easy
But I have to show my bravery.
I hope the new year will be prosperous
Along with that, it will be judicious,
Hope everybody will rise under happiness

Let's Empower the sheer kindness.

Some Wise Wishes

Hope the new year will bring prosperity
We will together lift humanity,
For a brighter future and days
Let's find out multiple ways.
Stay perfectly focused in your life
Before making any decision think twice,
Hope the new year will fulfill our ambitions
The strongest should be our dedication.
The experience we gained
We got trained,
It will help in tackling the challenges
In our way, there won't be any Imbalances.
The new normal is completely disgusting
Enhanced fear and we all are trembling,
Hope that the new year will be safe
There won't be any third wave.
May this new year brings sheer positivity
Let's protect us and respect selflessly,
Hope we will catch up on a stability
Since we all have that capability.

Har Deepansh Bahadur Sinha

He is Har Deepansh Bahadur Sinha. He belongs to Lucknow, UP. He is a research scholar of Oceanography and has done a master's in Geography from National Post Graduate College. Completed his schooling from Study Hall. His hobbies are art, listening to music, cooking & loads of driving. His interest areas are Astronomy, Writing, Photography & Travelling a lot.

7. Kalamkaar

नया साल 2022

नया साल आनेवाला है, खुशियों की सौगात लानेवाला है!
कोरोना वायरस का काल आनेवाला है!
वैक्सीन लानेवाला है, कोरोना मुक्त करवानेवाला है!
देश को फिर से उन्नति की और लेजानेवाला है!
जो हुआ नुक़सान उसकी भरपाई करनेवाला है!
नये नये अवसर बेरोज़गारो के लिए लानेवाला है!
नौकरियां फिर से लानेवाला है!
जो बंद थे काम उनके तालो को खोलनेवाला है!
फैक्ट्रियां फिर से चलनेवाली है!
मनाई जाएगी धूम धाम से होली है!
सबमे एक नहीं उमंग लानेवाला है!
मास्क सबके मुँह से हटनेवाला है!
जो है चपटे मे महामारी के उससे ये स्वतंत्रता दिलानेवाला है!
नये नये व्यवसाय ये लानेवाला है!
देश को उन्नति की और लेजानेवाला है!
जो हुआ घाटा 2021मे उसकी भरपाई नये नये मौके लाकर करनेवाला है!
स्कूल बच्चो के खोलनेवेला है!
कोरोना मुक्त भारत को करनेवाला है!
ना आये कोरोना फिर ना हो ऐसा बुरा हाल
सबका सुखमय बीते आनेवाला नया साल!

नया साल नही ं उमगं लाएगा
ज़िन्दगी मे ं अपनी आग े बढ़ेंग े सभी दशेवासी!
खुशी की वो तरगं लाएगा!
कोरोना स े मिलेगा छुटकारा हम सबको!
नया साल नही ं उमगं लाएगा!
फिर स े निकालेंग े बाहर घरक े अपन े सभी लोग!
आनेवाला साल निजात इस कोरोना वायरस जसै े भीमगं स े लाएगा!
सब रहेंग े हँसी – खुशी जीवन म े ं अपन े!
क्योंकि नया साल नही ं उमगं लाएगा!
नौकरी लगेगी बेरोज़गारी की चपेट म े ं ह ै जो!
बेरोज़गारो क े लिये नई -नई तमगं लाएगा!
काम शुरू होगा फिर स े उन्नति करेंग े सभी!
क्योंकि नया साल नही ं उमगं लाएगा!
घर प े बठै े नही ं रहेंग े जो घर बठै े ह ै!
कोरोना को ं ख़तम करन े क े लिये कोई परगं लाएगा!
लौटकर नही ं आएगा कभी कोरोना फिर स े कभी!
नया साल नही ं उमगं लाएगा!

Kalamkaar

इनका नाम कलमकार है ये उत्तराखंड के रहने वाले हैं, मगर मेरठ में रह रहे हैं! इनको लिखना और पढ़ना पसंद है! इन्होने 1400+ अन्थोलॉजी में सह लेखक के रूप में काम किया है और 1500+ सम्मान पत्र जीते है! इनको लिखना और पड़ना पसंद है! इनकी रूचि लिखने में है! इनको कर्म पर विश्वास है फल से ज़्यादा! इन्होने 20+ पुस्तक में भाग लिया है सह लेखक के रूप में जो रिकॉर्ड के लिए गयी है!

8. Gunjan Sharma

नया साल है नयी उमंग,
नयी आस है जीवन में,
नयी सोच है नयी तरंगे,
नयी प्यास है जीवन में,
करना है कुछ नया नया अब,
नयी बहार है जीवन में,
सपने को सच करना है अब,
नयी चाह है जीवन में,
करना है कुछ खुदा से वादा,
प्रगति करनी है जीवन में,
बीते पल में जो मिली निराशा,
भुलाना है उसे जीवन में,
भले जीवन हो काँटों जैसा,
फूल बिछाना है जीवन में,
दिल में संकल्प तू लेके देख,
सफलता मिलेगी जिंदगी में,
कठिन परिश्रम करके देख,
मुकाम मिलेगा जीवन में,
नव वर्ष की नयी प्रभा में,
सपने सजाओ जीवन में,
सपनों को पूरा करके दिखाओ,
हर दिन को जियो जीवन में।

Gunjan Sharma

She did her B.ed From CCS University, Meerut

"Love The Life You Live,

Live The Life You Love"

9. Sri Satyaranjan Ghiwalla

-नई साल-

बरस के बाद बरस तो
बीती जाती हैं
एक नया सुबह सूरज
की तरह अगले साल
तो आही जाती हैं,,
पर ना जाने ए बीती हुई
दिन सब क्यूं याद आती हैं......
साल के बाद साल तो
बीती जाती हैं यूंहीं,,
लेकिन ए जो बीती हुई यादें
दिल से चुबकता है
कहीं ना कहीं......
जितना भी बरस के बाद बरस
बीत जायेगा,,
ए दीवार से उतना ही
पंचांग की फरदे मीट जायेगा......
बीती हुई वो सब कल की
बातें याद तो जरूर आएगी,,
जो गुज़ारा हुआ दिन गुज़ारा गया
वो सब तो लौट कर नहीं आयेगी......
दुआ करता हूं की आने वाले वक्त

एक नई सोच लेकर आए,,
सभी का जीवन में एक
नई आशा ओ उदीपना जगाए......

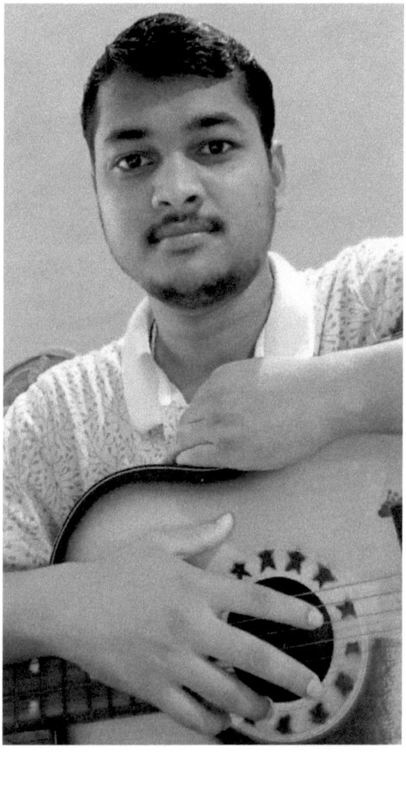

Sri Satyaranjan Ghiwalla

Sri Satyaranjan Ghiwalla is a Writer From Dhenkanal,, Odisha,,He wrote many poem in many Languages like Odia,,Hindi,, English He is a Gratuated of Zoology Hons,,He is a Former President Awarded Scout,,His Hobbies are Writing and dancing and his intrest in Traveling.He love Pet.

10. Jayasmita Kuanr

Voyage to New Year

The sun rises
Wake up and shine…
New days are coming
Surprise is waiting…
Beginning of new will begun
With a Bunch of happiness rolling on…

Happiest New Year

May this new year
Turns into your best year…
Peaceful life everywhere
Dreams come true there…
Cherishing the new year
With full of memories…
Live your life to the fullest
Shine life full moon in the sky…
Enjoy every moment
Starting from past to new year…

Make it fruitful in every way
Wish you all Happiest New Year…

Jayasmita Kuanr

Jayasmita Kuanr is a Ph.D. Scholar of KSOH, KIIT Deemed to be University, Bhubaneswar, Odisha. After completing M.A in English from Berhampur University, she has completed her Diploma in One year International Course in Education, teaching and learning from Asian college of Teachers, PGDT from IGNOU, and Visharad in Hindustani Classical Music from Pracheen Kala Kendra, Chandigarh. Her hobbies are writing poetry, painting, listening to music, doing crafts, etc.

11. Anand Mangwana

फरि से नया साल आ गया,
तेरी यादों में फरि से खो गया।।
तुमने साथ रहने कि कसम खाई थी,
एक साल में ही तू
यार कसिी और का हो गया।
तेरे वादे, कसमें सारे झूठे
नकिले
मैं तेरी झूठी कसमों में जी रहा था,
जसि दनि गया तू मुझे छोड़ कर,
खुदा कसम मैं उस दनि ही
मर गया था।

आखरिी महीना दसिम्बर का और,
ठंड बढ़ने लगी,
एक शख्स कि यादों में मेरी
रात कटने लगी।
फोन मलिाया मैंने बहुत उसका,
बस हर बार एक ही बात सुनने को
मलिी मुझे,
आपके द्वारा लगाया गया नम्बर
अभी व्यस्त है।

बस यही बात हर बार सुनने को मिली है।

Anand Mangwana

He Belongs to karahans, panipat.He is a writer.His dream is to be the best model of india.He will try his best to achieve his goal.

12. Krishan Kant Sen

नववर्ष

नववर्ष, फिर से एक नया जोश लायेगा।
और लायेगा साथ में खुशियों का अनोखा रंग।
भीगकर जिसमें पल्लवित होगी एक नयी लता;
प्रमुदित होगा मन, नव उल्लास संग।
सबके जैसे चल रही है हमारी भी तैयारी,
हम भी सोचे हैं,
नव वर्ष लेकर आयेगा, नवीन भाग्य का उदय।
चलो इस नये साल में तो कुछ अच्छा होगा।
बना लिया प्लान कि क्या क्या करना है,
बिना ये सोचे भी ये सब कैसे करना है।
पर हाँ, करना तो है।
पर धीरे धीरे महिने दर महिने आगे बढ़ते जाते हैं,
हम सामने पाते हैं ढेरों चुनोतियाँ,
सामना करने पर भी,
मानो हार ही हमारी किस्मत हो,
बस यही सोच अधरों से दिल में उतर जाती है।
पर प्रतिक्षण तेज करते हैं प्रयासों को,
पर तीक्ष्णता अब हमारी कम होती नज़र आती है।
और हर साल की तरह हम अंत में डूब जाते हैं निराशा के भँवर में,

लेकिन फिर से जब जब देखता हूँ कि नया वर्ष आने वाला है,
फिर से सपने बुनने लग जाते हैं,
पूरे आत्मविश्वास के साथ,
क्योंकि दिल कहता है अक्सर हमसे,
नया वर्ष बहुत खुशियाँ लेकर आयेगा।
अधूरे सपनों को पूरा कर दिखायेगा।

Krishan Kant Sen

कहानियों से कहानी का सृजन करने वाले "कृष्ण कान्त सेन", राजस्थान के छोटे से शहर बारां से आते हैं। उनकी रचनायें अंग्रेजी व हिन्दी, दोनो

भाषाओं में मलिती हैं सगुण भक्ति धारा को आदर्श मानने वाले "कृष्ण कान्त" की काव्य रचनाओं में माधुर्य व ओज का विशेष प्रभाव है। अंग्रेजी भाषा से परास्नातक होने के साथ ही लेखन के अतिरिक्त फोटोग्राफी एवं हॉकी में भी विशेष रुचि रखते हैं।

13. Richa Saini

नया साल

ले बीत गया एक और साल,
एक नया साल आया है,
दकेर गया था तकलीफें वो,
नई खुशयिा लकेर आया है,
गम नुमा से रास्ते थे,
मंजलि नई लकेर आया है,
उलझा हुआ था हर जगह से,
सुलझन ये लकेर आया है,
दखे थे अंधेरे कई,
रोशनी एक नई लकेर आया है,
खामोशी से बिता ये साल,
खुशनुमा वो गीत लकेर आया है,
ले बीत गया एक और साल
एक नया साल आया है...

Richa Saini

She is a student. She is an open-minded, creative person. I have done my graduation in fashion designing and 3-year diploma in D. Ed. She loves dancing, drawing, sketching, art craft photography as well as writing.

14. Himanshu Ranjan "Sameer"

अबकी बार न रुलाना
नया साल, नया पैगाम लाना
मेरे लिए खुशी अपने साथ लाना
दर्द से भरा रहा पहले का वक़्त
अबकी बार तुम न रुलाना
टूट गया हूँ हज़ारो दफ़ा
कुछ लोग रह रहे हैं हमसे ख़फ़ा
पीठ पीछे बुराई करने वाले लोगो को न लाना
ये 2022 अबकी बार तुम न रुलाना
करनी है मेहनत इस साल में
बन जाना है IAS हर हाल में
भरोसा खुद पर किया हूँ
तुम तोड़ के न जाना
ये 2022 अबकी बार तुम न रुलाना

Himanshu Ranjan "Sameer"

This is Himanshu Ranjan Sameer from a small town Aurangabad Bihar.He has completed his graduation in English literature from Sinha College, Aurangabad. A book lover, good cook, and also Gives coaching to Students. He started writing during his school day. He loves to write poems, short stories, quotes, Songs, film scripts, etc. He wants to be an IAS officer for his mother. People call him Sonu because of his kindness and simplicity. He wants to make a Free school for poor children. He loves to make Happy everyone. He has worked as Co-author in many anthologies.

Mr Satyam Kumar is his idol.

15. Dr.Archana Shreya

नया साल

सुनहरे सपने तुम्हारे पूरे हो इस साल में...
राहों पर फूल ही फूल हो इस साल में...
रंग बिरंगी फूलों की खुशबू हो...
नई उम्मीदों का सबेरा हो....
उमंगों का ढेरों उपहार हो...
कठिन जीवन सरल हो...
मुस्कुराओ तुम हमेशा इस साल में...
सुनहरे सपने तुम्हारे......
नया मुकाम हासिल हो...
हौसला में बढ़ोतरी हो...
सौगात की बौछार हो....
संपन्नता सहज भरपूर हो...
शामिल हो हमेशा मेरी दुआओ में...
सुनहरे सपने तुम्हारे.........
दर्द से दूरी हो...
अपनों का साथ हो.... ..
सब मुराद पूरी हो...
सदा सुखमय आंगन हो ....
नव उमंग नव तरंग उत्कर्ष हो जीवन में...
सुनहरे सपने तुम्हारे.....

Dr.Archana Shreya

डा॰ अर्चना श्रेया श्रीवास्तव प्राकृतिक चिकित्सक, समीक्षक, लेखक, गीतकार, कहानीकार, विभिन्न संस्थाओं में लगभग 10 में अध्यक्ष पद पर आसीन रहकर साहित्यिक, धार्मिक, सामाजिक, सांस्कृतिक गतिविधियों का सफल आयोजन, अनगिनत पुरस्कार व अवार्ड विजेता, एक्सीलेंट लेडी 2001, समन्वय रत्न, ऋतंभरा सर्वश्रेष्ठ रचनाकार सम्मान प्रमुख हैं। विभिन्न समाचार दैनिक भास्कर से लेकर पत्रिका तक साहित्यिक व धार्मिक पत्रिका में लेखन। सर्वश्रेष्ठ सम्पादिका पुरस्कार प्राप्त।

वर्तमान में अनके साहित्यिकि, धार्मकि एवं सामाजकि संस्थाओं से जुड़कर कार्य कर रहे हैं राष्ट्रीय श्रेया क्लब, श्रेष्ठ क्लब, भगवद्गीता परविार की संथापकिा, राष्ट्रीय व अन्तरराष्ट्रीय स्तर के पटल पर काव्यपाठ एवं अनगनित सम्मान पत्र प्राप्त।

16. Jasmine Panda

New Year Resolution

New is the year and new are the resolutions,
New hopes, new desires, new dreams, new aspirations…
Putting all your inputs, shine in whichever field you are,
Just remembering you have to go successfully so far!!!
Focusing on your strengths and doing a SWOT analysis,
Trying to win in life's complicated Mathematics!
Availing the opportunities and utilizing own capabilities,
Always trying hard to give a cent percent to your studies!
Having faith in the Almighty, be prepared for competition,
Following your passion with hardcore preparation!
Just focusing on your present for a beautiful future,
On this New Year trying to develop helping nature!
Developing a positive mindset and well-planned action,
Give your best wherever you are in any Organization!
With hard work and smart work, building your career,
In the race of life, learning to fight like a warrior!
Having a sharp mind and a pair of wings,
Let the song of success a satisfied soul sings!
Improving and moving on, learning from the past,
A drop of knowledge acquired from the ocean so vast!
Aspiring to be a good human being this New Year,
Celebrating this New Year with near and dear!!!!
New is the year and new are the resolutions,

New hopes, new desires, new dreams, new aspirations…

Jasmine panda

Miss Jasmine Panda is presently pursuing a Ph.D. in Synthetic Organic Chemistry as DST INSPIRE Fellow in Ravenshaw University, Odisha, India. She is a Gold Medalist and University Topper in both her B.Sc. and M.Sc. from Berhampur University and has been awarded from Odisha Chemical Society for her excellent performance. She was also the M.Sc. Entrance Topper in BU. She has completed an internship at CSIR-SRTP in IICT Hyderabad. She holds the post of Senate Member of Berhampur University for the session 2019-20 in Academic Pursuits. She is a Governor Awardee for Youth Red Cross. She has received All-Rounder Award in her 12th standard for excellence in extracurricular activities along with studies. She is a Topper throughout her career. She has been a Literary and Cultural Champion in her school, college, and university days. She has also cracked a campus in Vedanta.

17. Kumari Gudiya Goutam

नववर्ष मनाएं
आओ मलिकर नया साल मनाए।
गमों को भुलाकर खुशयिों का आगाज कराएं।
जीवन को रंगीन मधुर सुखद बनाएं।
अनाथों को उनकी खुशयिां हम लौटाएं।
मठिाई कपड़े देकर सब में स्नेह प्यार लुटाएं।
आओ मलिकर नया साल मनाए।
भारत को प्रदूषण से हम बचाएं।
करोना जैसी असंख्य बमिारयिों को दूर भगाएं।
नफरतों को भुलाकर सबको गले लगाएं।
घर आंगन सबके खुशयिों से खलिखलिाएं।
आओ मलिकर नया साल मनाए।
प्यार स्नेह ममता की हम गंगा बहाए।
मटिाकर अंधेरा आशा के हम दीप जलाएं।
गीत गुनगुनाकर दें सबको शुभकामनाएं।
जो जवान शहीद हुए हैं उनके नाम से एक दीप जलाएं।
आओ मलिकर नया साल मनाए।
आओ सबके चेहरे पर मुस्कान लाए।
कुछ उनकी सुनें कुछ अपनी सुनाएं।
जो जवान शहीद हुए हैं उन्हें पुष्प चढ़ाए।
हो सके तो उन वीर सपूतों को न भुलाएं।
आओ मलिकर नया साल मनाए।

अपने मन में कसिी के लिए कड़्वाहट न रखो
मंदरि में कुछ दान करें और गरीबों को अन्न खलिाएं
इस ठंड में कंबल चदर स्वटेर आदि दान करो
अपनों के साथ मलिकर नया साल मनाए।
कसिी के दलि को हो सके तो ठेस न पहुंचाएं
जीवन को नये रंगों (सतरंगी) से सजाएं
आओ मलिकर नया साल मनाए।।

Kumari Gudiya Goutam

She is a writer.

18. Shruti Sangal

नया साल, नया दिन
नया उत्साह, नयी उमंगें
सब नया नया
बस दोस्त पुराने ही अच्छे!
उमीदें तो बहुत हैं इस साल से
काश सब हक़ीक़त में बदल जाए!
ए मालिक एक गुज़ारिश है तुझसे
इस साल सबकी झोलिया भर जाए खुशियों से
इस कोरोना महामारी से
सबके घर दूर रहें!

Shruti Sangal

She did her Post graduation in M.Sc.microbiology from Gurukul kangri university Haridwar. She likes to pen down her thoughts and is also a part of many anthologies.

Printed by Libri Plureos GmbH in Hamburg, Germany

9 798885 552752